Anne Steinwart

Bäckerei Engel

Mit Bildern von Silke Brix

Hase und Igel®

Für Lehrkräfte gibt es zu diesem Buch
ausführliches Begleitmaterial beim Hase und Igel Verlag.

FSC
www.fsc.org

MIX
Papier aus verantwor-
tungsvollen Quellen
FSC® C043106

Dieses Buch erschien erstmals 1991 im Carlsen Verlag, Hamburg.
Es wurde 2012 für die Ausgabe im Hase und Igel Verlag neu illustriert.

Sonderausgabe mit Silbenhilfe

© 2012/2016 Hase und Igel Verlag GmbH, München
www.hase-und-igel.de
Druck: Grafisches Centrum Cuno GmbH & Co. KG

ISBN 978-3-86760-197-9
5. Auflage 2023

Es ist Dezember.
Stutenkerlzeit!
Die schönsten Stutenkerle
in unserer Stadt gibt es
in der Bäckerei Engel
in der Halbmondgasse 12.

3

Gustav Engel backt sie
seit vier Jahrzehnten
alle Jahre wieder
höchstpersönlich.
Aus hellem, süßem Hefeteig,
wie sich das gehört.

Heute Morgen stellt seine Frau Thea
vier Dutzend
frisch gebackene Hefeteigmänner
in das weihnachtlich dekorierte
Schaufenster.
Einer ist schöner als der andere!

„Viel zu schade zum Aufessen",
murmelt Thea Engel.
„Mein Gustav ist wirklich
ein Meisterbäcker!"

„Stimmt genau",
flüstert der Stutenkerl,
den sie gerade in der Hand hält.
„Bis auf …"

„Bis auf was?", fragt Thea verdutzt.

„Ich will eine Frau",
flüstert der Stutenkerl sehnsüchtig.
„Warum backt er immer nur Männer?"

Thea Engel schaut den Stutenkerl
lange an. Sehr lange!
Ohne ein Wort zu sagen.

Seit vierzig Jahren ist Thea nun
mit ihrem Gustav verheiratet.
Vierzig Jahre lang hat sie
jedes Jahr im Dezember
täglich neue Stutenkerle
im Schaufenster aufgereiht
und verkauft.

Viele, viele Stutenkerle
sind durch ihre Hände gegangen.
Gesprochen hat niemals
einer von ihnen.

Schön waren sie alle,
wunderschön, aber stumm!
Und nun sagt dieser Kerl
in ihrer Hand,
er will eine Frau …

„Recht hat er",
denkt Thea Engel.
„Verflixt noch mal,
er hat recht!
Warum backt Gustav
immer nur Männer?"

Sie trägt den Stutenkerl
nach hinten in die Backstube.

Gustav Engel steht
zwischen den Körben voller Brote
und dampfender Brötchen.
Er rollt
einen letzten Quadratmeter Teig aus.
Für Wiener Weihnachtsherzen.

Wenn sie fertig sind,
wird er schlafen gehen.

Seit Mitternacht ist er auf den Beinen.
Jetzt ist es sieben Uhr.
In einer Viertelstunde
beginnt vorn im Laden der Verkauf.
Dafür ist Thea zuständig.
Gustav taucht erst spätnachmittags
wieder auf.

„Was gibt's?", fragt er nun,
weil seine Frau
mit einem Stutenkerl dasteht
und ihn so merkwürdig ansieht.

„Nichts", antwortet Thea Engel,
„nichts Besonderes – nur der hier …"
Sie hält ihrem Mann den Stutenkerl
unter die Nase. „Der spricht!"

Bäcker Engel guckt sie missmutig an.
„Quatsch", brummt er, „noch nie …"

„Ich weiß", sagt Thea schnell,
„aber er spricht wirklich!"

Gustav Engel schüttelt den Kopf.
Er ist müde.
Morgens zwischen sieben und acht
soll man ihn gefälligst
in Ruhe lassen!

„Er will eine Frau",
sagt Thea Engel vorsichtig.
„Ich versteh das!"

„Quatsch", brummt ihr Mann wieder.
„Ich fang doch
nach vierzig Bäckerjahren
nicht mit Hefeteigfrauen an.
So 'n Quatsch!"

„Ist schon gut", sagt Thea.
„Du hast ja recht.
In deinem Alter kann man
nichts Neues mehr ausprobieren.
Dafür sind die Jüngeren da!"
Sie dreht sich um
und geht in den Laden zurück.

Dabei hat sie
ein verschmitztes Lächeln im Gesicht.

„Du hast nichts erreicht",
flüstert der Stutenkerl.
„Du hättest es klüger anfangen müssen."
Er zieht seine Zuckergussmundwinkel
nach unten und quengelt:
„Ich will eine Frau, ich will eine Frau,
ich will eine Frau!"

„Pschscht!", sagt Thea Engel.
„Pschscht! Hab Geduld.
Du kriegst deine Frau!"
Sie lehnt den schmollenden Stutenkerl
an eine Packung Paniermehl
im Regal hinter der Theke.

Die ersten Kunden kommen.
Thea hat keine Zeit mehr.
In der ersten Stunde
ist immer viel zu tun.
Außer den üblichen Mengen
von Brot und Brötchen
verkauft sie heute früh
schon neun Stutenkerle.
So ganz nebenbei.

Jedes Mal,
wenn sie einen
aus dem Schaufenster holt,
geistern ihr die gleichen Gedanken
durch den Kopf.
Alle sind stumm, so stumm,
wie solche Kerle nun einmal sind.

Wieso spricht EINER von ihnen?

Als der Laden endlich einmal leer ist,
fragt sie den immer noch
schmollenden Stutenkerl:
„Wieso redest du überhaupt?"

„Weil ich eine Frau will", sagt er.

Thea Engel seufzt.
Das ist doch keine Antwort
auf ihre Frage!
„Und die anderen?
Deine Kollegen –
wieso sprechen sie nicht?"

Nun seufzt der Stutenkerl.
„Weil sie keine Frau wollen."

„Ja und?"
Thea stützt die Hände auf ihre Hüften.
„Wieso wollen sie keine Frau?"

„Vielleicht wollen sie auch eine",
sagt der Stutenkerl schnippisch,
„aber sie reden ja nicht!"

Thea Engel gibt es auf.
Dieser eine Stutenkerl redet.
Die anderen reden eben nicht.
„Hast du einen Namen?", fragt sie,
um das Thema zu wechseln.

„Laurentius", sagt der Stutenkerl.
„Wann kriege ich meine Laurentia?"

„Sehr bald", sagt Thea.
„Hab noch ein bisschen Geduld."

Sie ist sich ganz sicher:
Gustav hat bestimmt
längst eine Teigfrau
in den Backofen geschoben.

„In deinem Alter kann man
nichts Neues mehr ausprobieren",
hat sie gesagt.
Und: „Dafür sind die Jüngeren da."
So etwas lässt er nicht auf sich sitzen!

Thea schmunzelt
und guckt auf die Uhr.
Es ist fünf Minuten
vor halb neun.
Eigentlich müsste er
jeden Augenblick auftauchen …
Richtig! Da kommt er schon.
Mit einem Kuchenblech in der Hand.

„Damit du Bescheid weißt",
brummt er,
„alt bin ich noch lange nicht!
Hier, werde glücklich mit ihr."

Auf dem Backblech liegt
eine Stutenfrau,
die so hübsch aussieht,
dass Thea für einen Moment
sprachlos ist.

Sie wirft ihrem Mann
einen zärtlichen Blick zu.
Gustav ist nicht nur ein Meisterbäcker,
er ist ein Künstler!
Sogar ein Trägerkleid
und einen Kragen
hat er geformt
und mit Mandeln
und Zuckerperlen verziert.

Und über die Rosinenaugen
hat er helle, freche Ponyfransen
aus Zuckerguss gespritzt,
darüber einen Zopf aus Hefeteig gelegt.
Thea lächelt verträumt.
So ähnlich hat sie ihre Haare
früher auch getragen.

Gustav legt sein Kunstwerk
vorsichtig auf die Ladentheke.

Mit einem Satz
springt der Stutenkerl vom Regal.
„Endlich!", jauchzt er.
„Laurentia! Komm, meine Liebe!"

„Donnerwetter", sagt Bäcker Engel,
„der Kerl spricht tatsächlich!
Wieso spricht er?
Wieso nennt er sie Laurentia?"

„Frag nicht so viel", sagt Thea Engel.
„Laurentius spricht eben.
Guck mal, wie jung sie noch sind!
Und wie verliebt!
Ist das nicht schön?"

„So 'n Quatsch",
brummt Gustav Engel.
„Laurentius und Laurentia!"

Er schaut den beiden
kopfschüttelnd nach.
Sie sind von der Theke gehüpft,
eilen Hand in Hand
auf die Ladentür zu,
ohne zu zögern.
Als wüssten sie genau,
wohin sie nun gehen.

Thea Engel strahlt.
Für Liebesgeschichten hatte sie
schon immer viel übrig!

Plötzlich ertönt
eine entschlossene Stimme
aus dem Schaufenster:
„Ich will auch eine Frau!"

„Ich auch!"

Alle Stutenkerle im Fenster
beginnen zu schreien:
„Ich auch! Ich auch! Ich auch!"

Thea hält sich die Ohren zu.

„Das kommt davon, meine Liebe",
sagt Bäcker Engel
und schmunzelt.
„Sieh zu,
wie du mit ihnen
fertigwirst.
Ich gehe jetzt
schlafen!"